SAINT LOUIS

Un roi chrétien à la base de la justice moderne

Raphaël Coune 50MINUTES.fr

SAINT LOUIS

Un roi chrétien à la base de la justice moderne

Par Raphaël Coune

50MINUTES.fr

50MINUTES.fr

DEVENEZ INCOLLABLE
EN HISTOIRE !

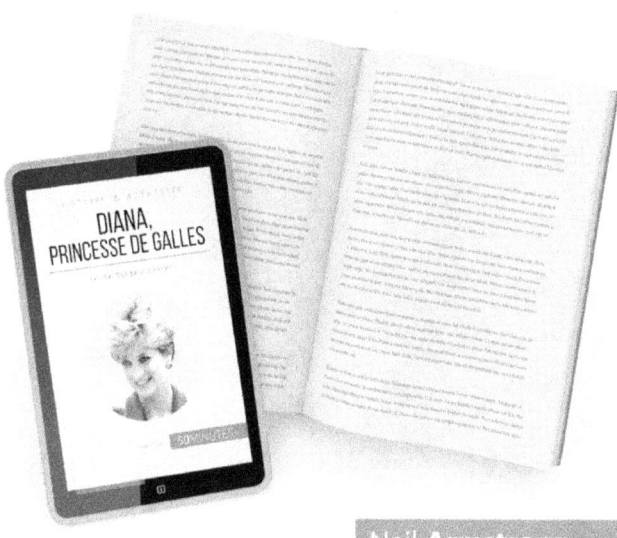

Neil **Armstrong**

Le Titanic

George **Washington**

Christophe **Colomb**

Jacques **Cartier**

SAINT LOUIS

INTRODUCTION

Qui parmi les nobles et les grands barons de la cour de Philippe Auguste (1165-1223) aurait pu croire que le quatrième enfant du futur Louis VIII (1187-1226), baptisé en ce 25 avril 1214 sous leurs yeux, serait un jour canonisé ? Qu'ils assistent au baptême d'un saint dont les reliques seront dispersées en France et en Europe pour produire des miracles et offrir protection aux pèlerins qui se recueilleront devant elles ?

Qui parmi les moines de l'abbaye de Royaumont qui accueillent le roi lors de la construction de l'édifice, en 1228, aurait pu voir en ce jeune garçon âgé de 14 ans, le grand monarque réformateur qu'il deviendra, lui qui prie huit heures par jour, fait le service de table et se porte volontaire pour accomplir les tâches ingrates, comme nourrir les moines lépreux mis à l'écart pour éviter toute contagion ? Comment voir en cet enfant si pieux, si dévot, l'homme à la base de la justice moderne, la figure emblématique de la cause chrétienne et l'instigateur de deux croisades ?

Personne n'imaginait alors se tenir devant un roi à l'influence si grande que tous les premiers-nés de la dynastie des Bourbons destinés à régner porteraient son prénom dans l'espoir de devenir un souverain aussi éclairé que cet illustre ancêtre. Personne ne pouvait concevoir qu'aujourd'hui encore villes, universités et hôpitaux porteraient les patronymes de celui qui gouverna la France de 1226 à 1270.

Car c'est bien ce que nous révèle l'histoire : adulé par son peuple et par les nobles de son royaume, saint Louis deviendra la référence royale pendant des siècles. Mais d'où vient cette gloire ? Pourquoi fut-il aussi loué, aussi respecté ? D'où vient cette renommée qui illuminera, durant des siècles, le trône de France d'une ombre de grandeur et d'une aura de respect ?

DONNÉES CLÉS

- **Naissance ?** Le 25 avril 1214 à Poissy.
- **Mort ?** Le 25 août 1270 près de Tunis.
- **Fonction ?** Roi de France de 1226 à 1270.
- **Apports majeurs ?**
  - Louis IX est l'instigateur de la septième et huitième croisade.
  - Grand réformateur, il jette les bases d'un système administratif, judiciaire et économique nouveau et plus égalitaire.
  - Il fait de la France le pays protecteur des saintes reliques de la passion du Chris et fait construire la Sainte-Chapelle pour les y accueillir.
  - Il est le premier roi capétien à développer une politique sociale et caritative importante. La France lui doit la construction et le financement de nombreux hôtels-Dieu, hospices et ordres mendiants.

BIOGRAPHIE

Vitrail de l'église d'Izernore représentant saint Louis.

UN ROI ILLETTRÉ N'EST QU'UN ÂNE COURONNÉ (1214-1226)

Quatrième enfant du futur Louis VIII et de Blanche de Castille (1188-1252), Louis devient dès l'âge de quatre ans l'aîné de sa fratrie suite au décès de son frère. Sa mère, qui jouera un rôle prépondérant durant la première moitié de son règne, lui donne une éducation très poussée et très stricte. À cette époque se popularise le concept voulant que le roi, pour gouverner, doive être cultivé, sage et instruit. Un bon monarque se voit dans l'éducation qu'il a reçue plutôt que dans les guerres qu'il a menées. Extrêmement croyante, Blanche de Castille apprend à son fils à respecter Dieu, à comprendre sa miséricorde et à craindre le péché. Cette éducation le marque profondément. Le futur saint Louis est transcendé par la religion et fasciné par la vie monastique qu'il approche très tôt. Il n'a que 12 ans lorsque son père meurt, et l'une des premières tâches qu'il accomplit en tant que roi est la création de l'abbaye de Royaumont, selon les dernières volontés de son père. Dans cet établissement religieux où il séjournera souvent, il côtoie moines et frères, et intègre parfaitement l'organisation et la vie monastique. Il l'intègre même un peu trop bien de l'avis de l'abbé qui le fait surveiller, car on ne peut pas laisser le souverain des Français s'abaisser aux tâches ingrates de la vie monastique. Pourtant, le jeune Louis continue de se porter volontaire pour aller donner à manger aux lépreux.

À côté de sa mère qui lui inculque les préceptes religieux, la deuxième figure importante de son éducation est son grand-père, Philippe Auguste. Celui-ci lui apprend l'importance de la majesté royale et de la diplomatie. Durant ses deux dernières années de règne (1222-1223), il le forme au métier de roi en l'invitant à assister à ses conseils ainsi qu'à ses réunions et en lui apprenant les préceptes fondamentaux pour gouverner.

À l'âge de neuf ans, Louis voit son père monter sur le trône. Son règne sera toutefois de courte durée puisqu'il s'éteint trois ans plus tard de dysenterie. Louis est ainsi propulsé à 12 ans sur le trône du plus grand royaume chrétien. Sa mère se fait nommer régente jusqu'à la majorité du roi et le fait couronner en toute hâte à Reims.

QU'IL EST DIFFICILE D'ÊTRE ROI (1227-1244)

Gouvernant d'une poigne de fer, Blanche de Castille s'attire la haine de nombreux comtes et barons qui supportent très mal l'idée d'être dirigés par une femme, une étrangère qui plus est. Louis IX est donc contraint de leur concéder des avantages, de leur donner quelques places fortes, de libérer d'anciens de leurs hommes faits prisonniers, et de leur promettre en mariage ses frères et sœurs.

Mais cela n'est pas toujours suffisant, et la guerre ne peut être évitée. Au cours des batailles, le roi apparaît comme un guerrier redoutable, un grand stratège et surtout comme un diplomate expert. Peu à peu, les barons, qui reconnaissent de plus en plus en ce jeune homme le digne descendant de Philippe Auguste, se soumettent à lui.

En 1334, alors qu'il atteint sa majorité, la France est entièrement pacifiée. C'est également cette année-là que Blanche de Castille choisit une femme à son fils, Marguerite de Provence, avec laquelle il aura 11 enfants.

Saint Louis et sa femme Marguerite de Provence, interrompus par Blanche de Castille, gravure d'Eugène Devéria, 1839.

PLUS PRÈS DE TOI SEIGNEUR (1245-1270)

À la fin de l'année 1244, alors que le roi rentre d'une campagne militaire menée contre Henri III d'Angleterre (1216-1272), sa santé se dégrade. Louis IX est atteint de dysenterie et ne peut plus se déplacer. Des campagnes de prières sont alors organisées partout dans le royaume et, quelques semaines plus tard, il guérit miraculeusement. Il fait aussitôt le vœu de croisade en Terre sainte, une décision qui va bouleverser son règne et la France de cette époque.

Il part quatre ans plus tard, se fait capturer et ne revient en France qu'au bout de six années, en héros chrétien désormais paré d'une aura de sagesse. Cependant, l'échec est bien présent, et son incapacité à récupérer la Ville sainte le hantera jusqu'à la fin de sa vie. Louis IX y voit là une punition divine. À son retour, il mène une importante série de réformes dans les domaines économique, judiciaire et administratif, afin de rendre son pays digne de Dieu.

En 1266, il annonce au pape Clément IV (mort en 1268) son désir de repartir en croisade, et ce malgré les oppositions de ses barons et conseillers. Il quitte la France le 1er juillet 1270 pour ne plus jamais la revoir. Après un premier succès à Carthage, son armée est frappée par une épidémie de dysenterie et de typhus. Louis IX meurt le mois suivant aux portes de Tunis, ce qui met fin à la huitième et dernière croisade.

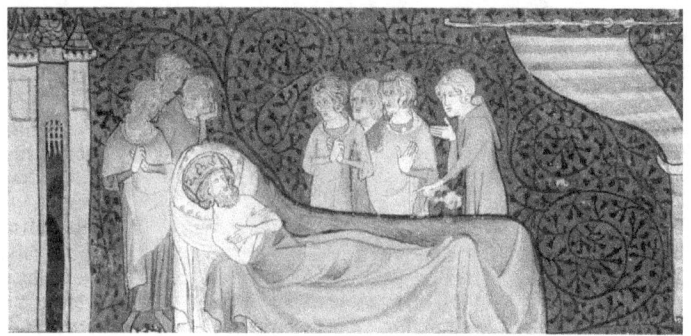

Louis IX sur son lit de mort.

CONTEXTE

UN ROI GUERRIER ET DIPLOMATE

Durant le règne de Louis IX, on distingue deux périodes de troubles qui ont opposé la royauté aux barons et seigneurs de France. La première débute peu après son couronnement, en 1226, et s'achève en 1334. La deuxième éclate en 1241, lorsque Hugues de Lusignan (comte de La Marche et d'Angoulême, 1185-1249) s'oppose publiquement au souverain, et se termine en 1243 par la demande de trêve d'Henri III d'Angleterre. Il convient de préciser que, si ces révoltes sont provoquées contre l'autorité de Blanche de Castille, elles ne sont pas rassemblées autour d'un objectif commun. Chaque baron agit à son propre compte et veut en tirer des profits souvent très divergents. Une désunion qui servira la Couronne...

Lorsque Louis VIII décède, le royaume de France se retrouve pour la première fois de son histoire avec un enfant pour roi. Très vite, Blanche de Castille s'impose et officialise un acte inédit, dans lequel l'archevêque de Sens ainsi que les évêques de Chartres et de Beauvais affirment qu'avant de décéder, Louis VIII aurait émis le souhait de placer son fils et la France sous la tutelle de sa femme, jusqu'à ce que ce dernier atteigne sa majorité. Les historiens se sont longtemps disputés sur la réalité de ces dires, sur la valeur d'un document officialisé par la personne qui en est bénéficiaire et signé par trois de ses plus fidèles alliés. Cependant, faux ou pas, le document jette les bases des règlements de régence : le monarque devra attendre sa majorité pour monter sur le trône, et c'est sa mère qui gouvernera en attendant.

C'est précisément ce dernier point contre lequel s'insurgent les barons. C'est pourquoi un grand nombre d'entre eux se rebellent. Il convient de citer parmi les plus turbulents Philippe Hurepel (comte de Boulogne et oncle du roi, 1200-1234), Hugues de Lusignan et Pierre de Mauclerc (duc de Bretagne et comte de Dreux, 1187-1250). Ceux-ci se lancent dans une véritable campagne contre le pouvoir monarchique : batailles armées, actions de sabotage du pouvoir, rumeurs contre la reine et ses conseillers, fomentation de révoltes parmi le peuple, tout est bon pour faire vaciller la royauté.

En 1227 survient l'événement le plus surprenant de cette période : les barons décident de soustraire le roi à sa mère et à ses conseillers pour gouverner en son nom et s'approprier pouvoir, terres et richesses. Ils projettent d'enlever Louis IX revenu de Vendôme avec sa mère où ils étaient partis négocier avec les barons de l'ouest. Pour ce faire, ils bloquent l'entrée du cortège royal à Montlhéry et s'emparent de l'enfant. Blanche de Castille, restée dans le cortège, appelle au secours, et c'est le peuple de Paris, armé de fourches, qui libère son souverain et le ramène triomphalement au palais de la Cité. Louis IX n'oubliera jamais qu'il doit son pouvoir à son peuple et aux petites gens. Peu à peu, les barons se soumettent à lui, et le calme revient.

Durant cette période troublée, le roi d'Angleterre, allié avec Pierre de Mauclerc, a, lui aussi, tenté de mettre à mal le pouvoir royal, sans toutefois parvenir à ses fins.

La deuxième période de violence est beaucoup plus courte. Elle a lieu à la suite d'un contentieux entre le roi et Hugues de Lusignan au sujet d'une promesse de mariage non tenue par le baron et son refus de rendre les terres déjà données en dot. Henri III d'Angleterre profite de la situation orageuse pour réclamer ses possessions françaises confisquées au temps de Philippe Auguste. Raymond de Toulouse (1197-1249) fait de même et déclare la guerre au roi pour récupérer ses terres en pays cathare confisquées quelques années plus tôt. Cependant, Louis IX a le dessus sur ses ennemis. Ceux-ci n'ont d'autre choix que de fuir pour finalement se soumettre. Une trêve avec Henri III est signée en mars 1243, pour cinq ans, et sera suivie par la mise en place d'une paix durable, le roi d'Angleterre renonçant définitivement aux terres confisquées par Philippe Auguste. Il devient même l'ami de Louis IX, lui demandant aide et conseils dans les luttes contre ses propres barons.

UN ROI PARFOIS INTRANSIGEANT ET CRUEL

Un souverain bon, sage et pacificateur, qui pardonne à ses ennemis : voilà une image de Louis IX très répandue aujourd'hui. Pourtant, si elle contient certes une part de vérité, elle ne doit pas faire oublier le saint Louis colérique, voire cruel envers les blasphémateurs du Christ, les cathares et les hérétiques. En effet, le siècle de Louis IX est aussi celui qui voit se terminer dans un bain de sang l'histoire des cathares.

LE CATHARISME

Le catharisme est un mouvement chrétien qui se développe entre les xe et xive siècles et qui rejette notamment tous les sacrements de l'Église catholique. Déclarés hérétiques, ses adeptes sont chassés par l'Inquisition catholique. Une croisade est lancée en 1208 pour en finir avec les cathares qui, par leur idéologie, menaçaient la compréhension du message biblique.

Sur le déclin depuis la fin de la croisade des Albigeois (1208-1229), le pape Grégoire IX (1170-1241) décide d'envoyer des inquisiteurs en mission en région cathare (le Languedoc) pour s'assurer de la reconversion des hérétiques. En chemin, les missionnaires sont tués par la garnison de Montségur, l'un des derniers bastions cathares. Aussitôt, le roi et sa mère font lever une armée de 6 000 hommes pour assiéger la ville responsable de l'assassinat des missionnaires du pape. Montségur tombe en 1244, et Louis IX fait brûler dans un gigantesque bûcher les infidèles qui refusent de renier leur foi, soit plus de 220 hommes, femmes et enfants.

Louis IX se montre également intransigeant à l'égard des juifs. On ne peut toutefois pas vraiment parler d'antisémitisme, car cela ne concerne pas le peuple juif en tant que communauté. Ce que le roi ne supporte pas, c'est le fait que le Talmud insulte le Christ et la Vierge Marie. Au début hésitant sur les dangers de la judaïcité,

Louis IX organise un grand débat entre les ecclé-
siastiques de Paris et quatre des rabbins les plus
érudits. Cette discussion, passée à la postérité
sous le nom de « procès du Talmud », s'achève
sur l'interdiction et la censure du recueil, déclaré
livre d'infamie. Louis IX fait alors brûler à Paris,
devant toutes les écoles, les universités, les
membres du clergé et de l'administration de la
cité, plus de 22 chariots remplis de talmuds saisis
dans la ville. Le feu est alimenté deux jours durant, tant les livres sont nombreux. Le roi, félicité
par le pape de son action, réitère une deuxième
crémation publique l'année suivante, ainsi que
l'année d'après. Les juifs ne sont pas chassés du
royaume, mais ils doivent désormais porter sur
leur tunique une rouelle cousue au niveau de
leur poitrine en signe distinctif. De plus, il leur
est interdit de sortir de chez eux les jours de la
passion du Christ, et l'accès aux emplois publics
leur est refusé.

UN ROI BÂTISSEUR
ET MISÉRICORDIEUX

Les pauvres, les infirmes et les miséricordieux
occuperont une place prépondérante dans la vie

de Louis IX. Celui-ci n'hésite d'ailleurs pas à les inviter à sa table lors de banquets, leur lave les pieds et les mains, et écoute leurs malheurs.

En 1260, il fonde l'hospice des Quinze-Vingt, destiné à une confrérie d'aveugles pauvres, et lui accorde toute une série de privilèges financiers. En 1248, il restaure l'Hôtel-Dieu, à Paris, pour qu'il puisse accueillir les miséreux, et fait construire l'hôtel des Haudriettes pour venir en aide aux femmes veuves qui, du fait de leur statut, vivent généralement dans un grand dénuement. En 1259, il fonde l'hôtel-Dieu de Pontoise pour aider les malades et les pauvres. L'institut aura un tel succès que le roi doit lui léguer deux ans plus tard sa propre maison de campagne ainsi que le bois de Pontoise pour faire face aux demandes d'admission. Il ordonne également la construction de l'hôtel-Dieu de Vernon afin d'accomplir ces mêmes missions. Enfin, par son testament, il offre aux ordres mendiants plusieurs terres et des revenus financiers.

Dessin représentant l'hôpital des Quinze-Vingt tel qu'il était en 1567.

Louis IX est le premier roi de France à construire des hospices destinés aux indigents et, de manière plus générale, le premier à se soucier de leur sort. Cette dimension sociale et caritative, jusqu'alors inexistante chez un souverain, suscite l'adoration de son peuple. Une telle attitude ne sera plus jamais égalée dans l'histoire de la monarchie française, mais elle servira tout de même de référence à ses descendants, qui pratiqueront désormais la charité lors des cérémonies et festivités importantes.

Louis IX se soucie également du monde estudiantin. La Sorbonne est fondée par son chapelain et confesseur, Robert de Sorbon (1201-1274), auquel le roi apporte son soutien financier pour la création de la chaire de théologie. Il édicte également plusieurs lois empêchant les propriétaires de louer les appartements trop chers aux étudiants.

Le siècle de Louis IX voit aussi la construction de plusieurs églises gothiques en France. C'est en effet lui qui fait construire l'abbaye de Royaumont, comme le souhaitait son père, ainsi que l'abbaye de Maubuisson, en 1241. Il mène également des travaux de grande ampleur à Saint-Denis, qu'il instaure en nécropole royale. Il met de l'ordre dans les tombeaux qu'il classe par dynastie, et inaugure en 1267 le nouvel ensemble sépulcral. Ce faisant, il compte affirmer la continuité des trois dynasties franques (Mérovingiens, Carolingiens et Capétiens). C'est lui encore qui fait construire la Sainte-Chapelle pour y accueillir les saintes reliques. Et c'est sous son règne que la France voit se terminer les constructions des grandes cathédrales gothiques comme, à Paris, celle de Notre-Dame, ou encore celles de Chartres, d'Amiens, de Reims et d'Auxerre.

TEMPS FORTS

À partir de 1243, Louis IX est à la tête d'un royaume uni et pacifié : il a mis fin au conflit avec l'Angleterre qui durait depuis le règne de son grand-père, Philippe Auguste ; plus aucun baron ne conteste ses décisions ; et le catharisme n'existe plus. Le roi de France apparaît comme un homme sage, proche de son peuple et fondamentalement croyant, ce qui force le respect de ses contemporains. Mais qu'a-t-il réellement accompli ? Quels ont été les combats qu'il a menés ?

LES RELIQUES CHRISTIQUES ET LA SAINTE-CHAPELLE

En 1237, Baudouin II de Courtenay (dernier empereur de l'empire latin de Constantinople, 1217-1273) se rend en France pour demander à Louis IX une aide financière afin de lutter contre les Grecs qui menacent l'Empire latin. C'est ainsi que le monarque apprend que les barons latins de Constantinople manquent d'argent et souhaitent, pour combler ce manque, vendre la couronne d'épines portée par Jésus-Christ le jour de sa crucifixion. Or les chrétiens d'Orient ont peur que la sainte couronne, la relique la plus précieuse, ne tombe entre des mains étrangères. Louis IX envoie donc deux émissaires dominicains en négocier l'achat. Mais, entre-temps, la relique a été vendue à la ville de Venise qui, n'osant pas s'opposer au roi de France et à l'empereur de Constantinople, accepte à regret de la laisser partir pour la France moyennant un accord financier.

En décembre 1238, malgré l'hiver qui rend la navigation difficile, la couronne arrive à Venise, et, quelques semaines plus tard, à Villeneuve-l'Archevêque, où toute la royauté ainsi qu'un grand nombre de barons sont rassemblés pour l'accueillir. À son entrée dans Paris le 19 août 1239, la châsse comportant la relique est transportée sur un échafaud porté par le roi et son frère, pieds nus, suivis des prélats, des clercs et de la chevalerie française, également pieds nus. Le peuple de Paris se presse pour contempler la sainte relique et la procession pour le moins étonnante qui la conduit. Elle est aussitôt portée dans la chapelle Saint-Nicolas du palais de la

Cité, en attendant que se terminent les travaux de la Sainte-Chapelle commandés par Louis IX pour y entreposer la relique. En 1241, il rachète également à l'empereur de Constantinople un morceau de la vraie croix, la sainte éponge et le fer de la sainte lance qui blessa Jésus au torse.

Saint Louis transportant la couronne d'épines à
la Sainte-Chapelle, tableau de Noël Hallé.

La construction de la Sainte-Chapelle et l'acquisition des plus importantes reliques de la chrétienté dépassent la simple dévotion personnelle du roi, qui entend faire de Paris une nouvelle Jérusalem et amplifier la gloire de la monarchie française. Ce n'est pas anodin si les appartements royaux communiquent avec la chapelle haute, qui appartient elle-même au palais de la Cité, et si les vassaux du souverain ont désormais l'obligation de jurer sur les saintes reliques. Ce faisant,

Louis IX associe la gloire du roi à celle de Dieu. Les reliques deviennent donc un formidable objet de propagande pour la monarchie française.

LA SEPTIÈME CROISADE

En 1244, le roi guérit miraculeusement de la dysenterie et fait le vœu de partir en croisade. Quatre années seront nécessaires pour la préparer. Louis IX fait en effet construire des remparts et un port capable d'assurer le départ et le retour des croisés à Aigues-Mortes, premier port français en Méditerranée. Il prend la mer le 28 août 1248 avec tous les membres de sa famille, excepté sa mère, qu'il nomme régente avant de quitter la capitale.

Saint Louis confiant la régence à sa mère Blanche de Castille, tableau de Joseph-Marie Vien, XVIIIe siècle.

Ce ne sont pas moins de 20 000 hommes (2 500 chevaliers, autant d'écuyers, 10 000 fantassins et 5 000 archers) et 8 000 chevaux qui embarquent avec le roi à Aigues-Mortes sur près de 38 vaisseaux royaux et des centaines d'embarcations.

Contraints d'hiverner à Chypre pendant plusieurs mois, les croisés atteignent le port de Damiette (Égypte) le 5 juin 1249, où ils doivent mener bataille. Après avoir célébré une messe en mer, le roi et ses hommes se jettent à l'eau, à la grande inquiétude de Marguerite de Provence, son épouse, restée sur le vaisseau royal. Le combat est gagné sans perte notable pour le camp des croisés. Désormais entre leurs mains, la ville devient rapidement le point de ravitaillement des Français.

L'armée veut ensuite traverser le Nil pour atteindre Le Caire, mais la crue du fleuve rend leur avancée face à l'armée musulmane plus difficile. Elle y arrive finalement le 9 février 1250, après avoir remporté la bataille de Mansourah. Toutefois, les pertes sont nombreuses, et le frère du roi compte parmi les victimes. Le bilan s'alourdit suite aux épidémies qui touchent l'armée, empirées par la sécheresse de l'été. Faute de ravitaillement, la retraite est engagée vers Damiette, mais Louis IX et une partie des combattants sont fait prisonniers à Fariskur par les mamelouks égyptiens. Marguerite de Provence, restée au port, réunit les 400 000 besants (pièces byzantines) demandés en rançon pour faire libérer son époux. À l'étonnement de tous, le monarque, une fois libéré, refuse de rentrer en France et décide d'effectuer un pèlerinage en Terre sainte.

Durant quatre ans, le roi voyage avec les croisés restés à ses côtés et s'attelle à remettre de l'ordre dans les affaires des terres chrétiennes, à fortifier les villes et à apporter son soutien aux croyants d'Orient venus en masse l'accueillir à Saint-Jean-d'Acre. Il en profite également pour remettre au pas les ordres de chevalerie censés défendre les royaumes chrétiens (les Templiers) et pour négocier avec les musulmans la libération des derniers prisonniers ainsi que l'obtention de nombreux avantages pour les chrétiens voulant se rendre à Jérusalem.

C'est n'est qu'en apprenant la mort de sa mère que Louis IX décide de retourner en France, où il fait une entrée triomphale à Paris le 7 septembre 1254, après six années d'absence. Certes, il n'a pas repris Jérusalem qui reste aux mains des musulmans, mais il est désormais perçu comme le chef admirable qui s'est littéralement jeté à l'eau devant le mur de Damiette, comme le souverain captif resté en Terre sainte pour faire libérer ses camarades croisés, et enfin comme celui qui a négocié durant quatre ans avec les musulmans afin d'obtenir de meilleures conditions de vie pour les chrétiens en Terre sainte, mais aussi celui qui a bâti ou restauré les fortifications pour assurer leur protection. Si la croisade est un échec pour le roi, elle a toutefois fait de lui la figure emblématique de la cause chrétienne à travers l'Europe.

RÉFORMER LA FRANCE POUR LA RENDRE DIGNE DE DIEU

Louis IX vit toutefois très mal cette défaite, y voyant là une punition divine, un abandon du Seigneur. Son désespoir est tel qu'il envisage d'abandonner ses charges royales pour devenir moine et expier ses fautes. Il durcit ses séances de mortification, mange de moins en moins des plats qu'il affadit avec de l'eau, et maigrit considérablement. C'est son épouse qui parvient à le convaincre que la France a besoin de lui. L'idée germe alors dans son esprit que sa défaite est due au fait que la France n'était pas assez pure pour accomplir la volonté de Dieu et qu'il est donc de son devoir de la purifier. C'est pourquoi il envisage de mener des réformes profondes de la société qui marqueront considérablement le pays.

Réforme de l'administration et du système judiciaire

Louis IX commence par envoyer partout en France des enquêteurs royaux chargés de l'instruire de l'état du pays. Il décide ensuite de réorganiser l'administration et faisant des baillis et des prévôts, qui étaient jusqu'alors des inspecteurs itinérants, des administrateurs nommés et payés par le souverain lui-même. Ceux-ci exercent leur juridiction sur des territoires bien définis, les circonscriptions, qui divisent désormais le pays.

En 1254, le monarque promulgue la Grande Ordonnance, un texte fondateur qui institue notamment la cour du roi et une série de préceptes de fonctionnement des institutions royales. Subdivisée en différentes sections, la cour du roi se compose d'un Conseil qui traite des affaires politiques, d'un Parlement et d'une Cour des comptes. Elle redéfinit en outre les missions de chacun. Ainsi, les officiers royaux sont chargés de rendre justice sans distinction sociale et économique, et devront considérer chaque accusé comme innocent tant que les preuves n'auront pas démontré le contraire. Ils seront surveillés dans l'exercice de leurs fonctions par les enquêteurs royaux, qui devront envoyer à la cour du roi les plaintes et les doléances du peuple envers les officiers royaux. Par ailleurs, la Grande Ordonnance interdit aux officiers royaux de percevoir des amendes sans qu'il y ait eu au préalable un jugement. Ils ne pourront plus accepter de cadeaux des parties en instance de jugement. Si une des parties le souhaite, toutes les affaires judiciaires pourront faire l'objet d'un second jugement qui se tiendra devant la cour roi. C'est donc elle qui, en ultime recours, jugera de la validité ou non du jugement de ses officiers. Les affaires jugées par la Cour seront toutes écrites et consignées pour servir d'exemple dans des affaires similaires afin de lutter contre les décisions arbitraires.

En 1256, Louis IX reprend la Grande Ordonnance et y ajoute plusieurs paragraphes sur le sort des femmes. Celles-ci sont considérées comme des êtres faibles ; il appartient donc à la justice royale de les protéger : leur droit sur leur héritage doit être respecté, et elles ne peuvent être punies pour les fautes de leur mari. Enfin, le roi abolit en 1258 ou en 1261 le système de jugement par ordalie. Désormais, les sentences se baseront sur des preuves rationnelles et sur l'audition de témoins.

LE SAVIEZ-VOUS ?

Les ordalies, également connues sous le nom de « jugements de Dieu », sont des épreuves physiques extrêmes qui visaient à prouver l'innocence de l'accusé. En effet, si celui-ci sortait indemne d'épreuves telles que la traversée d'un feu, s'il pouvait laisser sa main dans de l'eau brûlante sans avoir de séquelles ou s'il parvenait à flotter dans un fleuve alors qu'il portait sur lui des poids, cela venait prouver de façon indéniable que Dieu le considérait comme innocent des faits qui lui étaient reprochés.

La présomption d'innocence, la jurisprudence et la possibilité de faire appel sont donc autant d'éléments à la base de la justice moderne que Louis IX a instaurés. Cette justice, il l'applique sur les terres royales et l'impose à ses barons. Peu à peu, le peuple commence à appeler son souverain Louis le Juste, et bientôt l'image de Louis IX rendant la justice équitablement sous son chêne circule dans toute la France.

Saint Louis rendant justice sous le chêne de Vincennes, tableau de Pierre-Narcisse Guérin, 1816.

Réformes sur la moralité et l'argent

Dans la Grande Ordonnance, on retrouve également une série de mesures concernant la moralité. Dans ce cadre, Louis IX interdit les jeux de dés, d'échecs et de dames, ainsi que tous les jeux d'argent, et punit sévèrement les blasphèmes. Il proscrit également la prostitution dans les villes, avant de l'autoriser à nouveau deux ans plus tard, après avoir remarqué qu'il ne pouvait freiner ce commerce. Il décide toutefois de soumettre l'activité à un règlement strict : les prostituées peuvent exercer uniquement dans des établissements spécialisés, situés hors des remparts et à volets clos, et ne peuvent en sortir que certains jours de la semaine en arborant des vêtements qui doivent les distinguer des honnêtes femmes.

La Grande Ordonnance comporte également deux chapitres contre l'usure et les prêts à taux d'intérêt pratiqués par les juifs et les banquiers lombards. Le roi interdit ainsi aux barons et aux officiers royaux d'aider le préteur à recouvrer sa créance, mais aussi d'emprisonner un chrétien qui ne serait pas capable de rembourser des dettes contractées auprès d'usuriers juifs. Le pieux souverain juge en effet amoraux l'usure et les banquiers lombards et florentins pratiquant ces taux d'intérêt supérieurs aux taux légaux. En 1268, il promulgue une ordonnance qui vise à les expulser.

Enfin, de 1262 à 1270, Louis IX impose d'importantes réformes monétaires. Il interdit la contrefaçon de la monnaie royale et institue l'utilisation de cette dernière sur l'ensemble du territoire relevant de son autorité. Désormais, seules les monnaies de seigneurs ayant reçu une autorisation spéciale pourront continuer à circuler librement en parallèle à celle du roi. En 1266, l'utilisation de monnaies étrangères est interdite. En outre, le monarque crée l'écu d'or et le gros tournois, deux pièces qui viennent compléter le panel de pièces royales désormais utilisées partout en France.

Avec ces réformes, le roi tente de réguler le monde économique, qui n'était jusqu'alors pas véritablement réglementé. Auparavant, chaque seigneur utilisait en effet sa propre monnaie dans son domaine. Par conséquent, il arrivait que le vendeur et l'acheteur n'utilisaient pas la même monnaie et devaient donc se mettre d'accord avec un banquier sur une monnaie d'échange, l'échange étant souvent taxé par les seigneurs ou les banquiers. En outre, les banquiers avaient la possibilité de choisir la monnaie la moins chère lors des échanges commerciaux internationaux. Une situation intolérable pour Louis IX. En interdisant les espèces étrangères, en imposant la monnaie royale partout en France et en réduisant l'impact des monnaies régionales, il a voulu donner à la monnaie royale une grande force.

Cette première tentative de contrôle du système monétaire et économique par le pouvoir royal ne remportera pas toujours un franc succès. Ainsi, l'écu d'or ne sera que peu utilisé par la population à cause de sa trop grande valeur. En outre, la France, désormais privée des banquiers étrangers, ne pourra plus taxer les biens des échanges commerciaux étrangers. Louis IX, avec ses réformes, contribue toutefois à établir un premier cadre légal autour d'une monnaie qu'il voulait unique et contrôlée par l'État, ce qui servira ses successeurs.

LA HUITIÈME CROISADE

En 1266, après avoir mené tous ces travaux en France, Louis IX annonce au pape Clément IV sa volonté de repartir en croisade. Mais, cette fois, les barons français et étrangers sont plus réticents à répondre à l'appel. Le 1er juillet 1270, ce sont moins de 10 000 hommes qui embarquent à Aigues-Mortes. Ils peuvent cependant compter sur le royaume de Sicile qui collabore à la croisade et sert de base maritime.

Pensant pouvoir convertir à la religion chrétienne le sultan de Tunis Muhammad al-Mustansir Bi-llah (mort en 1277), Louis IX fait débarquer les croisés à La Goulette, près de Tunis. Mais, contrairement aux suppositions du souverain français, celui-ci refuse de se convertir, et ses hommes attaquent les croisés. Louis IX s'empare alors de

Carthage pour y mettre ses hommes en sûreté en attendant les renforts que devait lui apporter son frère Charles d'Anjou (roi de Naples et de Sicile, 1266-1285) afin d'attaquer Tunis. Hélas, comme 20 ans auparavant, l'armée croisée, bloquée sous la chaleur de l'été africain, doit faire face à de violentes épidémies de dysenterie et de typhus qui touchent le monarque lui-même. Le 25 août 1270, il dicte pour son successeur ses ultimes instructions qui reprennent notamment les devoirs qu'ont les rois de protéger les pauvres gens, et prie une dernière fois le Seigneur de laisser rentrer son armée de serviteurs saine et sauve en France. Au même instant, Charles d'Anjou arrive avec ses hommes. Seulement il est trop tard : Louis le Juste s'en est allé. La paix est signée avec le sultan de Tunis, les croisés rentrent chez eux, et les restes du roi sont ramenés à la nécropole royale de Saint-Denis.

RÉPERCUSSIONS

Aujourd'hui encore, saint Louis, considéré de façon unanime comme l'une des plus grandes figures de France, n'a pas encore révélé tous ses secrets, tant l'adoration de son peuple fut vivace et continua de grandir avec le temps, tant les répercussions de son règne furent importantes pour son pays, tant les personnages de l'histoire voulurent récupérer son image à des fins personnelles.

UNE DÉPOUILLE MIRACULEUSE

Déjà en 1270, le défunt monarque devient un enjeu politique. Charles d'Anjou, roi de Sicile et frère de Louis IX, juge son neveu Philippe III (1245-1285) trop jeune pour régner. Mais ce dernier compte bien affirmer son autorité, et c'est autour du sort de la dépouille royale que les tensions se cristallisent. Philippe III souhaite que son père soit rapatrié en France pour reposer à Saint-Denis, qu'il avait lui-même réaménagé en nécropole royale. Charles d'Anjou propose, quant à lui, d'enterrer le corps en Sicile, plus proche géographiquement, ce qui éviterait la décomposition du corps avant l'enterrement. Pour départager les deux hommes, on procéda au *mos teutonicus* (littéralement « usage teuton »).

Ainsi, Philippe III pourra enterrer les ossements de son père à Saint-Denis sous une simple dalle de pierre selon ses dernières volontés, et Charles d'Anjou pourra emporter sa chair en Sicile avant décomposition.

Sur la route, des miracles se produisent. L'Église en dénombre deux en Sicile, accomplis par sa chair, un autre survenu dès l'entrée des ossements à Paris en mai 1271, ainsi que plusieurs autres à

Saint-Denis. Les pèlerins se pressent rapidement à Paris, à tel point qu'un service d'ordre est mis en place près de son tombeau pour canaliser la foule qui vient implorer le disparu. La sépulture devient un outil de propagande pour Philippe III qui, voyant l'afflux de visiteurs, fait remplacer la simple dalle en pierre par une structure plus complexe en 1274, puis par un tombeau orné d'or et d'argent en 1282. Ce nouveau tombeau, créé durant le procès de canonisation de Louis IX, remplit un objectif clair : appuyer la réputation de grandeur du roi trépassé afin de décider la hiérarchie pontificale chrétienne à procéder à la canonisation.

LE PROCÈS DE CANONISATION

Considéré par tous comme un saint de son vivant, bénéficiant d'une réputation amplifiée par le nombre de miracles recensés à Paris et en Italie, Louis IX fait très vite l'objet de tentatives de canonisation. Dès 1272, le premier acte pontifical de Grégoire X (1210-1276) est d'écrire à Geoffroy de Beaulieu, l'ancien confesseur de Louis IX, pour lui demander de plus amples informations sur l'ancien souverain de France.

Celui-ci répond au pape une lettre détaillée dans laquelle il conclut que Louis IX est un véritable modèle pour tous les princes chrétiens et qu'il mérite d'être canonisé. Deux ans plus tard, Philippe III rencontre le pape, mais celui-ci est pris par des affaires plus urgentes. L'année suivante, c'est l'Église de France, via l'archevêque de Reims, Pierre Bardet (mort en 1298), puis de Sens, Gilles II Cornu (mort en 1292), qui envoie une lettre au pape pour réclamer l'ouverture d'un procès de canonisation. Le pape nomme alors Simon de Brie (mort en 1285), l'ancien conseiller de Louis IX, comme légat afin d'enquêter. Toutefois, l'enquête est considérée comme bâclée par le pape qui meurt quelques semaines plus tard.

Trois papes se succèdent sur le trône pontifical en un an et demi, et le procès de canonisation de Louis IX n'avance pas. Il faudra attendre 1277 et Nicolas III (1210/1220-1280) pour qu'une nouvelle impulsion soit donnée au procès. Simon de Brie doit alors mener un complément d'enquête, tandis que Philippe III est chargé par le pape d'envoyer à Rome un dossier sur les miracles recensés à la nécropole royale. Nicolas III meurt en 1280 et c'est Simon de Brie qui lui succède comme pape sous le nom de Martin V. Ce dernier ordonne à Guillaume de Flavacourt (mort en 1306), l'archevêque de Rouen, de lancer l'enquête finale sur la vie et les mœurs de Louis IX et sur la vérification des miracles se produisant sur sa tombe. Près de 365 témoins ont été interrogés, et l'enquête s'est terminée en mars 1283. Mais Martin V s'éteint peu de temps après.

En 1294, malgré l'insistance de l'Église de France, Louis IX n'est toujours pas canonisé. Onze papes se sont succédés s'intéressant de près ou de loin à sa canonisation, redemandant des compléments d'enquête toujours plus favorables les uns que les autres, au point que, partout en Europe, on parle de ce dossier comme étant maudit. En 1294, le nouveau pape Boniface VIII (1235-1303) mène le procès jusqu'à son terme. Il est sincèrement convaincu de la sainteté de Louis IX. En outre, il souhaite se rapprocher de Philippe le Bel (roi de France, 1264-1314) et compte bien utiliser cette canonisation pour établir des relations amicales avec le trône de France. Louis IX sera canonisé officiellement en 1297. La ferveur populaire est telle que le baptistère de l'église de Poissy, où le monarque avait été baptisé, est dégradé et réduit en miettes par les croyants voulant posséder un bout du bâtiment qui a fait de Louis IX un saint. Certains vont même jusqu'à ingérer les miettes avec de l'eau pour se purifier l'âme.

LA LÉGENDE DE SAINT LOUIS

Une fois devenu saint, Louis IX offre un prestige immense à ses descendants. Grâce à cette canonisation, on considère désormais que la monarchie française possède du sang sacré, béni de Dieu, ce qui accentue encore plus le lien entre royauté et sacré, et renforce l'idée que le roi de France est choisi par Dieu.

Toutes les affaires ayant appartenu au souverain deviennent de précieuses reliques. Lors d'une cérémonie officielle, Philippe le Bel fait officiellement vider le tombeau de son grand-père de ses ossements que l'on met dans une châsse d'or. Ils serviront de présents à la monarchie française qui les confiera à des établissements religieux, ou à des personnalités étrangères que la France désire honorer. Durant 800 ans, les restes de saint Louis sont ainsi dispersés et passent entre les nobles et dirigeants de l'Europe entière, voire au-delà. Encore très récemment, en 2011, la cathédrale de Versailles a reçu les entrailles du roi, que Charles d'Anjou avait ramenées en Sicile en 1270, de l'évêché de Saint-Denis, qui lui-même les avait reçues en 1285 de l'évêque de Tunis.

Durant les guerres de religions (1562-1598), la monarchie française et l'Église catholique réutilisent l'image de saint Louis et le remettent à l'honneur pour raffermir le clan catholique. Il s'agit ici de se servir de la popularité du souverain canonisé pour rappeler les bienfaits de la monarchie catholique. Ainsi, en 1568, les os de Louis IX présents à Paris sont rassemblés lors d'une procession contre le protestantisme.

Une vingtaine d'années plus tard, en 1589, Henri III meurt sans descendance, mettant fin à la lignée des Valois sur le trône de France. Il faut alors remonter plusieurs générations en arrière pour trouver le successeur légitime, qui n'est autre que le futur Henri IV (1553-1610), descendant direct de Robert de France (1256-1318), le dernier fils de saint Louis. Toutefois, Henri IV est protestant, et il lui faut se battre pour récupérer le trône qui lui revient. Après plusieurs victoires militaires, il ressent le besoin de se légitimer face au peuple de France, de le rassurer. Il se convertit alors au catholicisme et déclare que tous les héritiers du trône seront appelés Louis en hommage à son glorieux aïeul, arborant devant tous son illustre ascendance. Depuis lors, l'image de saint Louis est fréquemment utilisée par les rois Bourbon, particulièrement par Louis XIV (1638-1715) et Louis XV (1710-1774). En effet, quelle formidable référence que d'être le descendant d'un roi saint lorsque l'on veut installer une monarchie absolue de droit divin !

Un siècle plus tard, on retrouve encore fréquemment l'exemple de saint Louis cité dans les discours des précepteurs royaux chargés d'apprendre aux futurs rois de France la grandeur de leurs fonctions et ses obligations. Cependant, le recul de certains philosophes français des Lumières vis-à-vis de la monarchie de droit divin et de la religion catholique, ainsi que le développement des libres penseurs et des mœurs libertines vont quelque peu ternir le portait de saint Louis. Voltaire (1694-1778), par exemple, couvre le saint monarque d'éloges lorsqu'il fait référence à ses vertus, à sa politique de réformes judiciaires et à l'influence bénéfique qu'il a eue sur ses successeurs, mais déplore les croisades injustes, se moque de ses mœurs trop pieuses et critique sur de nombreux points la valeur de la biographie du roi faite par Jean de Joinville qu'il considère comme édulcorée, dénuée de toute objectivité et relatant des faits impossibles.

Avec la Révolution française (1789) et l'Empire (1804-1814), la référence à saint Louis disparaît quelque peu, pour resurgir durant la seconde moitié du XIXᵉ siècle. En effet, l'histoire devenue depuis peu une véritable science et un domaine de recherches, le développement du nationalisme et la résurgence de l'intérêt pour le Moyen Âge vont faire de saint Louis une figure omniprésente dans les premiers manuels scolaires de l'État français, aux côtés de Clovis (vers 465-511) et de Jeanne d'Arc (1412-1431) qui se voient également utilisés comme emblèmes fédérateurs nationaux.

En 1892, la première chambre de la Cour de cassation de Paris est inaugurée et installée, en hommage à saint Louis, dans la galerie qui porte son nom dans le palais de la Cité, devenu depuis lors le Palais de Justice. Pour l'occasion,

Charles Lameire (peintre et graveur, 1832-1910) est chargé de la décoration de la galerie, dans laquelle on peut encore apercevoir divers symboles du monarque et une statue polychrome du saint roi trônant sous son chêne pour y rendre justice.

Enfin, en 1970, pour le 700ᵉ anniversaire de la mort de saint Louis plusieurs événements et manifestations particuliers ont lieu dans le but de faire redécouvrir les bienfaits et la personnalité du défunt monarque quelque peu oublié par les générations contemporaines. La redécouverte de l'homme et les manifestations de ces années jubilaires sont encore à la base de notre perception actuelle du roi, qui apparaît toujours en modèle de justice moderne et de gouvernance éclairée. Toutefois, un élément neuf s'expose aux yeux des contemporains : saint Louis est décrit et vu par tous comme un souverain gouvernant par devoir, par service, par sacrifice sacré de charité, un chef qui ne s'occupe jamais de sa personne. Une réalité ô combien différente de la politique moderne et qui marque profondément le peuple français.

EN RÉSUMÉ

1214
25 avril : Naissance de Louis

1226
29 nov. : **Couronnement de Louis IX**

1226-1334
Première période de troubles avec les barons et seigneurs de France

1239
19 août : **Louis IX transporte la sainte couronne dans la chapelle Saint-Nicolas**

1241-1243
Seconde période de troubles avec les barons et seigneurs de France

1241-1248
Construction de la Sainte-Chapelle

1244
Chute de Monségur

1248
28 août : **Louis IX part en croisade**

1249
Prise de Damiette

1254
7 sept. : Louis IX rentre de croisade
Louis IX promulgue la Grande Ordonnance

1270
1er juill. : **Louis IX repart en croisade**
25 août : Mort de Louis IX

1297
11 août : **Louis IX est canonisé**

- Né en 1214, Louis IX a joui d'une éducation religieuse stricte de la part de sa mère qui l'a acquis tout entier à la cause chrétienne. Il reçoit également de son grand-père, Philippe Auguste, une éducation politique en vue de le préparer à ses fonctions futures.

- Propulsé sur le trône alors qu'il n'a que 12 ans, c'est sa mère Blanche de Castille qui gouverne la France jusqu'à ce qu'il atteigne sa majorité. Les barons français et les vassaux du roi d'Angleterre profitent de cette période de régence pour tenter d'augmenter leur pouvoir. Mais la poigne de Blanche de Castille alliée aux qualités de stratège et de diplomate du jeune Louis IX lui permettent d'unir la France et de conclure une paix avec le souverain anglais.

- Débarrassé de l'ambition de ces barons, le roi commence à bâtir une société pacifiée et miséricordieuse, qu'il souhaite à l'écoute des besoins des plus démunis. Pour leur venir en aide, il crée les premiers hospices, finance les ordres mendiants et construit des dizaines d'hôtels-Dieu. Cette société idéale exclut toutefois les personnes de confession non chrétienne. On le voit ainsi conclure, dans la violence, le conflit qui opposait la Couronne et la papauté aux cathares, brûler les talmuds présents dans le royaume, stigmatiser les juifs et réduire très nettement leurs activités.

- En 1237, une incroyable occasion se présente à lui : il acquiert les saintes reliques de la passion du Christ. Il s'agit là d'un formidable atout de propagande qu'il compte utiliser pour marquer le lien qui unit la France et la chrétienté, la monarchie française et le domaine du sacré. Un lien qui s'amplifiera encore après sa canonisation par le pape Boniface VIII, faisant de la dynastie royale française la descendante d'un saint.
- À 30 ans, après une guérison miraculeuse, il décide de partir en croisade. Emprisonné, il est relâché grâce à sa femme et, au lieu de rentrer en France, décide de rester en Terre sainte durant six ans afin d'améliorer la sécurité des chrétiens d'Orient. Son incapacité à reprendre Jérusalem le marque profondément, au point qu'il considère son échec comme étant une punition divine visant à lui montrer que la France est impure.
- Le roi se lance alors dans une série de réformes de grande ampleur dans l'administration, qui l'amèneront à diviser la France en circonscriptions dans lesquelles il assignera des officiers royaux qui seront chargés de rendre justice. Pour éviter tout abus et corruption, il crée un

corps d'enquêteurs chargé de surveiller les officiers royaux. Au niveau du système judiciaire, il pose les premiers fondements de la justice moderne en imposant la présomption d'innocence, en créant la possibilité de faire appel, et en développant les premières traces de ce qu'on appelle aujourd'hui la jurisprudence.

- Son pays devenu digne de servir Dieu, Louis IX repart en croisade en 1270 et meurt quelques semaines plus tard à Carthage. Il aura placé sa vie et son règne sous le signe de la religion et de son adoration envers la miséricorde du Christ. Toutes ses décisions politiques sont prises en tenant compte du devoir qu'il estime avoir envers le Seigneur. Sa vie durant, il a vécu dans la crainte de décevoir Dieu et dans l'espoir de le rejoindre à sa mort. Ainsi, fidèle à ses devoirs de chrétien, Louis IX accomplit pleinement sa charge de roi. Et très vite, la France de saint Louis devient, aux yeux du monde chrétien et des générations futures, la terre la plus heureuse qu'on ait vue, où paix et équité vont de pair avec un grand souci d'efficacité et de justice.

POUR ALLER PLUS LOIN

SOURCES BIBLIOGRAPHIQUES

- CAROLUS-BARRÉ (Louis) et PLATELLE (Henri), *Le procès de canonisation de saint Louis (1272-1297). Essai de reconstitution*, n° 195, Rome, École française de Rome, 1994.

- DANIEL-RHOPS, « Saint Louis dans son siècle », in *Historia*, n° 285, Paris, Librairie Jules Tallandier, 1970, p. 26-35.

- DE LA CHAISE (Nicolas), *La vie de Saint Louis*, n° 2, Paris, Librairie ordinaire du roi, 1688.

- DE LACROIX DE LAVALETTE (Marie-Josèphe), « Les aventures de la Sainte-Chapelle », in *Historia*, n° 283, Paris, Librairie Jules Tallandier, 1970, p. 134-141.

- DE LÉVIS MIREPOIX (Antoine), « Saint Louis des croisades », in *Historia*, n° 310, Paris, Librairie Jules Tallandier, 1972, p. 78-86.

- DUFOURNET (Jean), ANDRIEUX-REIX (Nelly) et HARF (Laurence), *Le prince et son historien. La vie de Saint Louis de Joinville*, Paris, Honoré Champion éditeur, 1997.

- LE GOFF (Jacques), *Saint Louis*, Paris, Gallimard, 1996.

- LEVRON (Jacques), « Le siècle de Saint Louis », in *Historia*, n° 289, Paris, Librairie Jules Tallandier, 1970, p. 120-126.

- LEVRON (Jacques), « Historia vous fait découvrir un Saint Louis inconnu », in *Historia*, n° 278, Paris, Librairie Jules Tallandier, 1970, p. 44-51.

- PINOTEAU (Hervé) et LE GALLO (Claude), *Saint-Louis. Son entourage et la symbolique*, Lathuile, Éditions du Gui, 2005.

- SIVÉRY (Gérard), *Saint Louis*, Paris, Tallandier, 2014.

SOURCES ICONOGRAPHIQUES

- Vitrail de l'église d'Izernore représentant saint Louis. La photo reproduite est réputée libre de droits.

- *Saint Louis et sa femme Marguerite de Provence, interrompus par Blanche de Castille*, gravure d'Eugène Devéria, 1839. La photo reproduite est réputée libre de droits.

- Louis IX sur son lit de mort. La photo reproduite est réputée libre de droits.

- Dessin représentant l'hôpital des Quinze-Vingt tel qu'il était en 1567. La photo reproduite est réputée libre de droits.

- *Saint Louis transportant la couronne d'épines à la Sainte-Chapelle*, tableau de Noël Hallé. La photo reproduite est réputée libre de droits.

- *Saint Louis confiant la régence à sa mère Blanche de Castille*, tableau de Joseph-Marie Vien, XVIIIe siècle. La photo reproduite est réputée libre de droits.

- *Saint Louis rendant justice sous le chêne de Vincennes*, tableau de Pierre-Narcisse Guérin, 1816. La photo reproduite est réputée libre de droits.

BÂTIMENTS COMMÉMORATIFS

- La statue de saint Louis sous son chêne, à l'entrée de la Cour de cassation de Paris.

- Le tombeau de saint Louis à la nécropole royale, dans la basilique de Saint-Denis.

Votre avis nous intéresse !
Laissez un commentaire sur le site de votre
librairie en ligne et partagez vos coups de cœur sur
les réseaux sociaux !

www.50minutes.fr

ISBN ebook : 978-2-8062-7681-0
ISBN papier : 978-2-8062-7682-7
Dépôt légal : D/2016/12603/72
Photo de couverture : *Louis IX dit Saint-Louis, roi de
France*, Jean-Pierre Decreuse © RMN-Grand Palais
(Château de Versailles). L'image reproduite est
réputée libre de droits

Conception numérique : Primento,
le partenaire numérique des éditeurs

CPSIA information can be obtained
at www.ICGtesting.com
Printed in the USA
LVHW021615101122
732812LV00009B/658

9 782806 276827